Feuriger Tanz

Für Rezban!

Lesen muss man mit
geöffnetem Herzen ....

Herzlichst –
Christina Udvari

21.01.2011

Christina Udwari

FEURIGER TANZ

Das Leben
gereimt und ungereimt

85 Gedichte und 7 kurze Geschichten

Engelsdorfer Verlag
2010

Bibliografische Information durch die Deutsche Nationalbibliothek: Die Deutsche Nationalbibliothek verzeichnet diese Publikation in der Deutschen Nationalbibliografie; detaillierte bibliografische Daten sind im Internet über http://www.d-nb.de abrufbar.
ISBN 978-3-86268-160-0
Copyright (2010) Engelsdorfer Verlag
Alle Rechte beim Autor
Coverfoto © Michael Udwari
Hergestellt in Leipzig, Germany (EU)
www.engelsdorfer-verlag.de

9,10 Euro (D)

Im Reinen mit der Vergangenheit.
Im Klaren mit der Gegenwart.
Im Mut mit der Zukunft.

In Liebe.

Inhaltsverzeichnis

Gedacht- und Gefühltes **11**
   Mir ist aufgefallen 11
   Das neue Neue Jahr 12
   Die Chance 13
   Einkehr 14
   Winterdunkel 15
   Verhofft 16
   Körperlicher Geburtstagswunsch 17
   Die Libelle 18
   Gehen 19
   Erinnerungen 20
   Ein Blick in den Garten 21
   Behellt und verdunkelt 22
   Zerrbild 23
   Lass mich, bitte 24
   Erkennen 25
   Du Mensch 26
   Weltunwichtige Zeilen. 27
   Erwarten 28
   Ferne Vereintheit 29

Gelachtes **31**
   Bäh! 31
   Kuschelige Problemlösung 32
   Überschätzt 33
   Karl-Otto 34
   Wenn Ostern ausfällt 35
   Sommergruß 36
   Möwen am Hauptbahnhof 37

Das Schwein und ich 38
Kurzgedichte 39
Österreichisches philosophisches Minigedicht 40
Kleine Reim-Hommage 42
Bärenglück 43
Bienenglück 43
Nachtdienst 44
Für mein Brötchen 45
Weibliche Berufsstandsängste 46
Neidvoller Trinkspruch 47
Liebeswohl 48

Geliebtes 49
Dicht 49
Dich zu lieben 50
Glück 51
Du bist 52
Seltsam 53
Auf deinem Weg 54
Schmerzwelle 55
Der unstillbare Wunsch nach Meer 56
Jahre und Stunde 57
Gleichnis 58
Kompliziert! 59
Ein Haar 60
August 61
Lieb' stricken 62
Der Himmel umschließt mich 63
Stimmung 64
Frieden gefunden 65
Liebesbehandlung 66

Gute Nacht 67
Feuertanz 68
In diesem Moment 69

Gesandtes **71**
Beflügelt 72
Viel 72
Navigation 73
Gehalten 74
Windrichtung 74
Bin weg 75
Liebesgruß im Dezember 75
Depot 76
Sicherer Schluss 76
Es ist gut 77
Wintersonne 77
Weckauftrag 78
Liegen gelassen 78
Deine Balkonblumen 79
Mit Biss 79
Zeichen 80
Schau mal 80
Telegramm 81
Nach dem Abschied 81

Gelebtes **83**
Trugschluss 83
Februar 84
Frauenerotik 85
Vaterliebe 86
Sohnesliebe 86

Stadtansichten 87
Der Literat 88
Egoistengedicht 89
Moseltag 90
Lieblingsmonat 91

In Prosa Geschriebenes 93
Wer ist Fritz Walter? 93
Vom Zwang, Lebensmittel für Weihnachten
zu horten 96
Herbsterwachen 100
Von Kleidern 102
Geschätzter Schatz 104
Fünfzig Jahre Leben 106
Eine schonungslose Geschichte 108

Gedacht- und Gefühltes

Mir ist aufgefallen,

in der Stille der Nacht
hört man den Atem.

In der Hitze des Sommers
fließt ein kühler Gebirgsbach.

In der härtesten Diskussion
liegt menschliche Regung.

Im Krankenhaus
kann man gesund werden.

Wer einen Hund hat,
hört Vögel zwitschern.

Die Suppe wärmt den Bauch auch,
wenn sie versalzen ist.

Dein Streicheln über meine Haut
macht unwichtig, wie sich Liebe definiert.

Der Beginn des Denkens
bewirkt schon ein Lenken.

Wenn der Mantel hoch geknöpft ist,
zieht es von unten.

Laute Schritte sind nicht

Zeichen eines festen Ganges.

Auf allen meinen verschlungenen Wegen
ist mir aufgefallen,
dass der Mensch lebt
und nicht klebt.

Das neue Neue Jahr

Punkt Mitternacht. Sprühregen fällt
aus Licht und Glamour auf die Welt.
Aus dem Sektglas goldene Perlen steigen.
In mir erklingen tausende Geigen.

Die Nacht steht im Nebel, der Himmel nicht klar.
Sie zeigen noch einmal wie oft es so war,
dass Silvester mir die Seele erdrückte,
weil sie nicht wusste, was sie beglückte.

Jetzt weiß sie es. Mitternacht hat entbunden,
welch ein neues Neues Jahr ich gefunden.
Ich ging nie so gerade, nie war es so schön,
meine Augen in deinen sich spiegeln zu sehn.

Die Chance

Mit deinen Schuhen möchte ich nicht laufen,
mit deinen Füßen auch an deiner statt nicht geh'n.
Ich möcht' nicht deine Atemzüge schnaufen
und nicht die Welt mit deinen Augen seh'n.

Ich habe selbst die Schuhe, die mir passen
und habe Füße mit dem eig'nen Tritt.
Mein Mund wird stetig neue Luft erfassen,
mein Blick nimmt immer mein Erleben mit.

Wir können gut den Weg zusammen schreiten
und uns erfreuen an des andern Gang.
Wir können um die Atemluft uns streiten
und dabei in die Augen sehen, tief und lang.

Einkehr

Bist spiegelblind,
armes Menschenkind.
Kannst die Augen
nach innen nicht wenden.
Bist deiner Stimme taub,
bist wie Espenlaub,
hast die Lebensfrucht
nicht gefunden.
Greifst nicht in dein Herz,
fürchtest Höllenschmerz
und kannst so
nur Vergebliches wagen.
Schlägst die andern und dich,
ziehst stets einen neuen Strich.
Witterst falsch
und wirst falsch bemessen.
Komm zur Ruh, beend die Flucht,
bist schon in der stillen Bucht.
Musst nur atmen
und fühlen und erfassen.

Winterdunkel

Wenn Dochte ganz herunter brennen
und wenn das letzte Wachs zerfließt,
wenn Nacht und Tag sich kaum noch trennen
und spärlich sich nur Licht ergießt,
dann ist es Zeit, selber zu leuchten,
aus sich zu holen jeden Schein.
Die Sterne alle Hilfe bräuchten.
Es ist so schwer, jetzt hell zu sein.

Verhofft

Neuer Morgen.
Das Fenster
Sonnenscheinbild.
Mild erwacht Frühling.
Vogelgesang, unbeirrbar,
zeitbestimmt.
Grün füllt Gräser,
Erde gibt Blumen frei.
Welt lächelt.
So ersehnt.

Neuer Morgen?
Fenster schmutzig.
Sonne blendet.
Frühling draußen,
kalenderbestimmt.
Vogellied traurig,
Grün nicht wichtig,
Blumen unbesehen.
Kein Lächeln.
So geirrt.

Körperlicher Geburtstagswunsch

Möge dein Kopf das neue Jahr umfassen.
Deine Augen sollen vor Freude glänzen,
deine Nase den richtigen Riecher haben.
Dein Mund möge die richtigen Worte finden.
Deine Ohren sollen Ungesagtes hören.

Möge dein Herz das Wesentliche spüren.
Sein Schlag soll dir den Takt für deine Schritte geben,
seine Wärme andere bestrahlen.
Sein Puls soll dir Impuls sein
und sein Lebenssaft die Liebe.

Möge dein Bauch die Mitte sein,
dein Magen von Verstimmung verschont bleiben.
In seiner Grube soll nichts Flaues liegen,
in seiner Vollheit stets Genuss.
Gib dem Bauchgefühl Raum.

Mögen deine Beine dich tragen,
dich bewegen,
zu Neuem führen
und in Altem bestehen.
Leichtfüßigkeit wünsche ich dir.

Möge deine Seele fliegen,
weit über dich hinaus,
getragen von dir selbst
und von denen, die sich ihr nähern dürfen.
Beseelt sollst du sein, von Gedanken und Gefühlen.

Möge dich alle Wahrnehmung immer noch wachsen
lassen.

Die Libelle

Verirrt schwebt eine Libelle durch meine Räume.
Ihr Flügelschlag berührt auch meine Träume.
Schnell ist sie weg,
ein zartes blaues Schillern fällt zurück,
lässt mir den Traum –
doch zeigt Zerbrechlichkeit von Glück.

Gehen

Ich hab mein Haus verlassen,
es tut ein bisschen weh.
Doch muss ich mich nicht hassen,
mit klarem Kopf ich geh.

Ich hab mein Lieb' verlassen,
weil's keine Lieb' mehr war.
Auch dich werd ich nie hassen,
du bleibst mir immerdar.

Ich hab die Kinder, meine,
im Herzen, tief und fest.
Legt' ihnen keine Steine,
erhielt ihnen ihr Nest,

bis sie es nicht mehr brauchten.
Sie sind auf ihrem Weg.
Für mich neue auftauchten,
noch ist's ein schmaler Steg.

Nun will ich vorwärts schreiten,
mit gutem Blick zurück.
Will Glück noch mal bereiten,
mit dir, das weit're Stück.

Mögen mir die verzeihen,
die wirklich ich verletzt'.
Ich hab mit meinen Tränen
auch ihren Schmerz benetzt.

Nichts, nichts, war je vergebens,
voll Dankbarkeit ich bin.
Seh' nur, der Gang des Lebens
führt mich woanders hin …

Erinnerungen

Nicht in der Vergangenheit leben …
sondern im Jetzt.

Was aber, wenn es im Jetzt nichts gibt –
nur Einbahnstraßen, Sackgassen und Kummerpromenaden?

Dann Hilfe nehmen.
Auf die Leiter der Erinnerung steigen.
Sprossen festhalten.
Und mit jedem Hochklettern
Sicherheit gewinnen
für Zukunft.

Ein Blick in den Garten,
    Einblick in mein Herz

Eine wilde Rose wächst
mitten unter feinen!

Sie
wird mir die liebste sein.
Denn
sie gleicht sonst keinen.

Behellt und verdunkelt

Verborgen,
vergraben,
versteckt,
verlassen,
verraten,
verheckt,
verloren,
verlebt,
verdreckt,
vergessen,
vergammelt,
verdeckt,
liegt im Dunkeln
vergebens
das Ich.

Beflügelt,
beleuchtet,
betrachtet,
beherzt,
bekannt,
beachtet,
begriffen,
befasst,
bemachtet,
belebt,
betankt,
bekraftet,
kommt ins Helle
beglückt
das Dich.

Zerrbild

Was wirst du nur wollen?
Und wann kannst du können?
Was hast du gehabt
und was wirst du dir gönnen?

Wer kann dir was geben
und wer dir was nehmen?
Wann greifst du dein Glück
und hörst auf, dich zu schämen?

Wo läufst du herum
und siehst gar nicht die Lage?
Und warum verschenkst du
unwiederbringliche Tage?

Stell dein Zerrbild ins Eck,
stürze endlich die Mauer.
Nimm dein fröhlich reines Herz,
schieb nicht weg seine Schauer.

Kannst du dann endlich fühlen,
wie in Wahrheit es ist?
Was du hast, was du brauchst,
wer du wirklich bist?

Es hat Konsequenz.
Du musst dich mutig dir stellen.
Doch Wollen, Können, Müssen
sind dann nicht mehr deine Quellen.

Ein Gemälde, fein gezeichnet,
wird das schönste Bild dir sein.
Und verzweifelt Hochgemaltes
ist dir nichts mehr, vergeht im Schein.

Lass mich, bitte

Nein, ich weine nicht, gerade.
Der Film ging schlecht aus, vorhin – schade.
Ich sehe nicht gut aus, so recht?
Na ja, ich schlafe derzeit schlecht.
Dass ich blass ein wenig bin,
das kriegt die Sonne wieder hin…
Wenn die Stimme manchmal bricht,
kommt das auch von Schwäche nicht.
Eigentlich bin ich doch stark,
fühle immer mich autark.
Mich wirft nichts so einfach um,
mach dir keine Sorgen drum.
Du siehst mich nur selten lachen?
Ach das kommt vom Gedankenmachen.
Ich lass nicht ran, ich halt nicht still,
wenn ich das so gar nicht will.

Sage du nichts Schlaues mir,
nehme nicht heraus es dir
zu raten mir, mit Penetranz.
Du bist niemals ich, so ganz.
Es erlaubt dir nicht mein Herz
zu rühren jetzt an seinem Schmerz.

Erkennen

Aus den Gedanken,
die du sterben gelassen hast,
wird deine Sehnsucht ständig neu geboren.

In der Erinnerung
an die Menschen, die du tatsächlich liebst,
liegt deine wahre Zärtlichkeit
und schlummert.

Deine Unruhe
geistert
in der Aufgeschobenheit deiner Liebe.

Erahne den gesichtslosen Weg.
Erkenne die richtigen Augen,
finde den wahrhaftigen Mund,
erfühle die stupsende Nase.

Das unerkannte Universum deines Glücks
findest du
in den verstrichenen Gelegenheiten,
in der geflüchteten Nähe,
in deiner gedachten Selbstüberzeugung.

Und deine selbst ertragene, glücklose Gewissheit
verschwindet in Vergessenheit,
wenn du dich vom nahe Liegenden erschüttern lässt.

Du Mensch

Deine Geburt –
kein Zufall,
der Platz, an dem du bist,
die Zeit –
himmelsgewollt.

Dein Laufen, Sprechen, Leben zählt.
Wie du Glück suchst, wie du liebst,
wie du der Wahrheit lernend nachstrebst,
Wissen erwirbst,
Gutes von Bösem trennst,
Fragen stellst, bis zum letzten Moment.

Fallen und scheitern und straucheln
wirst du,
Beziehungen bauen und zerstören,
Menschen verachten – und dich selbst.
Jeder zweite Weg ist der falsche.
Aber wieder jeder zweite auch gut.

Keiner darf dir aufrechnen,
wie viel dir von allem misslang.
Was zählt, ist dein Mut. Und er
gibt dir Kraft –
neu zu kämpfen, neu zu streben.
Dein Können ist, aufzustehen.

Hast geliebt, mit ganzer Seele, immer wieder,
versucht, dich und die anderen zu verstehen.
Hast gegeben,
was du hattest,
was du konntest.
Dein Leben, so gut es ging, erfüllt.

Das Universum holt dich wieder.
Gibt kein Zeugnis und
stellt keine Rechnung.
Weil du in Herzen und Seelen
anderer ***bleibst***.

                                                  Für Angelika, 10.01.10

Weltunwichtige Zeilen.

Leider, ich kann die Welt nicht heilen.
Ich kann auch deine Welt nicht heil machen.
Ich kann das Entsetzen nicht von dir nehmen
über die Katastrophen der Welt,
über den Wahnsinn in deinem Alltag.

Aber ich bin warm. Ich bin weich.
Ich kann dich in die Arme nehmen und halten.
Und du mich.
Bis du dich friedlich fühlst
und das Glück ganz nah an dir.

Lebenswichtige Zeilen.

Erwarten

Wär ich ein Vogel,
würd ich um dich singen,
wär ich ein Fisch,
stromaufwärts zu dir schwimmen.
Wär ich ein Hund,
würd hechelnd nach dir schnaufen.
Wär ich ein Krebs,
dann würd ich vorwärts laufen.
Dich zu erreichen,
würde Marathon ich rennen.
In dunkler Nacht
würd'st du als Feuer mich erkennen.

Nichts ist von alledem.
Ich bin nur ich, mit meinen Schritten.
Kann nur die Himmelsmacht
um dein Erwarten bitten.

Ferne Vereintheit

Ich dachte, ich schlief,
doch mein Herz war noch wach.
Ich dachte, ich hör dich
und spürte, ich lach,
vernahm deine Stimme, wie sie diskutiert
und sich ganz in einem Gespräche verliert.

Ich sah deine Falten,
gerunzelt beim Hören
und wusste, du lässt
dich beim Denken nicht stören.
Ich hörte dich reden, versunken, vertieft.
– Du fragst allen Ernstes, ob ich da schon schlief?

Was hätt ich gegeben,
zu hören dich sprechen
und ganz ab und zu
dieses nur zu durchbrechen
mit meiner Hand, kurz warm in der deinen,
um zu fühlen, wie sie sich ob allem vereinen.

Gelachtes

Bäh!

Die Schwalbe piepst den letzten Ton,
fliegt über Hals und Kopf davon.
Die Jungs und Mädels, aus den Bädern,
flüchten auf ihren Leichtfahrrädern
und Opas schicken Sonnenhut –
den tut er ab, denkt ‚nu' is' gut'.
Hedwig, im Dekolletee gefüllt,
geht wieder deutlich mehr verhüllt.
Es gibt gar keine Gegenwehr –
da rumpelt doch der Herbst daher?!

Kuschelige Problemlösung

Kurt friert an der roten Nase,
Henriette Hände reibt.
Walter hat 'ne schwache Blase
und Anett im Bette bleibt.
Heißes hilft hier nicht viel weiter,
der Mund hat sich am Tee verbrannt.
Schnee weg schaufeln – auch nicht heiter.

Hält denn die Kält' alles gebannt?

Kurt, nimm deine Henriette
in den Arm, ganz lieb und fest.
Einen Glühwein ich verwette,
da gibt's gar keinen Protest.
Und Anett, gib Walter Küsschen,
dass ihm schwül wird – sogar heiß.

Das führt zu dem warmen Schlüsschen:
Winter man zu nehmen weiß.

Überschätzt

Der Mai war denkbar schlecht für Paul,
der Frühling überkam ihn.
Im Winter war er viel zu faul,
jetzt zog es ihn zum Weib hin.

Elise nahm ihn mit ins Gras,
dort zu den Maienglöckchen,
becircte und betörte ihn
und hob kokett ihr Röckchen.

Von Paul wich fort aller Verstand,
er röhrte, balzte, machte...
Elise ist davon gerannt,
von weitem sie noch lachte.

Karl-Otto

Zum Rendezvous erscheint Karl-Otto
und trägt mit sich das dicke Motto,
dass er, auch in gejährten Tagen,
noch Klasse hat, beim Frauenjagen.

Galant sitzt er mit ihr zu Tische,
der Kellner bringt gebrat'ne Fische.
Karl-Otto balzt mit süßen Tönen,
– Frau muss sich nicht an sie gewöhnen.
Denn sie verschwinden also bald
und dann gibt nur der Bierbauch Halt.

Sie stoßen an. Karl macht ihr glauben,
er könne den Verstand ihr rauben.
Sie lächelt. Denn ihr Alter weiß,
ein solcher Herr hat seinen Preis...
Sie schaut durch Anzug, Duft und Schuhe
auf das, was ist, in aller Ruhe
und weiß, das wird ihr Herz entscheiden,
ob sie den Alten mal kann leiden.

Vergebens all sein Rumgegockel,
sie holt ihn schnell von seinem Sockel,
bringt ihm auf alte Tage bei,
wichtig ist nicht der Monat Mai.
Sie sieht doch seine Jahreszeit...
Karl-Otto: Mache dich bereit!

Wenn Ostern ausfällt

„Ach, guten Tag," sprach durch die Nase
ein gut gewachsner Osterhase.
„Was glaubt ihr eigentlich von mir?!
Bin doch nicht zum Beglücken hier!
Einmal im Jahr euch überraschen,
einmal was ganz Besonderes naschen –
das kriegt ihr doch noch selber hin,
wenn ich einmal unpässlich bin?!
Ich hab dies' Jahr gar keine Lust.
Man hat ja auch mal selber Frust.
Kommt, strengt euch doch mal wieder an,
ein jeder tut, was er so kann.
Dann kommt ihr aus auch ohne mich -
bin in der Landschaft nur mehr Strich…!"
- sprach's, hoppelt' fort in wilden Haken.

Die Menschen ordnen ihre Laken.
Woll'n Ostersonntag Nester finden,
mit Eiern drin. Woll'n Kränze winden,
aus Frühlingsblumen und Idylle.

So ohne Hase wird's ganz stille…
Vereinzelt hab ich doch gesehen,
dass Menschen wieder enger stehen,
wenn Eier nicht so einfach liegen.
Sie müssen sich mit Lieb' dann kriegen.

Sommergruß

Die Blümelein, sie sprießen.
Die Brünnelein, sie fließen.
Es quakt der Frosch an seinem Teich,
guckt aufgebläht nach seinem Laich.

Ich sprieße auch, bin nicht zu halten,
gewisslich fließen Herzgewalten.
Bin wie der Frosch, zum Sprung bereit
– es ist jetzt Sonnenstrahlenzeit!

Die Häsin hockt auf ihrem Puschel,
ersehnt ihr Hasenmanngekuschel.
Was hat die herrlich laue Nacht
doch für ein Sternenmeer gebracht!

Ich denk an dich, kein Wenn und Aber.
Der Vogelzug fliegt im Geschwader.
Sein Zwitschern wird dich doch erreichen,
hell klare Sicht ins Herz dir bleichen.

Möwen am Hauptbahnhof

Die Möwen auf dem Hauptbahnhof –
was suchen die denn da?!
Sie soll'n doch über Wasser sein,
den Fischen dort sehr nah.

Ein Abenteuer wagten sie
und wollten eine Wurst mal essen,
die mitten auf der Straße lag,
die ein Passant dort wohl „vergessen".

So kommt's. So lehrt das Leben es.
Das Glück ist manchmal dort zu haben,
wo gar nicht artgerecht der Fisch,
sondern wo Würstchen Möwen laben.

Das Schwein und ich

Sonnenschein.
Da liegt das Schwein
auf seinem Bauch.

– Das tu ich auch.

Doch bin ich mitnichten
mit dem Schwein zu vergleichen,
von dem zu berichten,
es scheuert an Eichen.

Aber ich beneide
es um seine Freude,
sich schweinisch im Dreck zu suhlen
und um die Sonne zu buhlen.

So lieg ich grunzend am Bauch
und das Schwein tut es auch.

Kann mich denn mal einer pieken?
Das ist ja wirklich zum Quieken!

Kurzgedichte
oder
die Kunst der Selbsteinschätzung

Ich schreibe gerne Kurzgedichte,
weil ich so gerne kurz berichte.
Erzähl' beim Stuhl von jedem Bein,
zähl Strahlen auf vom Sonnenschein,
schreib Verse über Haus und Hof...
– es ist dann nur ein bisschen doof,
dass diese meine Kurzgedichte
ich ob der Länge oft vernichte,
weil sie, am Ende angeschwollen,
nicht mal auf eine Seite wollen.

Ich schreib von Liebe, Sehnsucht, Schmerz.
Erschüttert hab ich manches Herz.
Veranschaulichte Lust und Pein
– man glaubt, direkt dabei zu sein.
In knappen Worten solch Gedicht –
wer sagt, was kurz ist und was nicht?
Es ist doch alles relativ,
wenn keiner je dabei einschlief.
Ich sag nur, was mir wesentlich
und das ist halt mal viel für dich.

Ich will's geballt, meid Adjektive,
wenn ich so meine Wörter hieve.
Komm auf den Punkt auch immer gleich,
nein, davon ich niemals abweich'.
Kompakt soll meine Message sein,
ganz zielgenau, doch klein und fein.
Nun, so ist's auch mit ***dem*** Gedicht!

Obwohl ... – ich glaub, ich schaff es nicht.
Ich schreib so gerne Kurzgedichte ...
Wenn's endlich klappt, ich dir berichte!

Österreichisches philosophisches Minigedicht zur Sofortheilung einer Depression
(Das Charakteristische an einem österreichischen Kurzgedicht ist, dass der Titel beinah länger als das Gedicht ist... ☺)

Die Welt ist grau.
Ich bin ein armer Hupfer.
Ich liebe dich.
Du bist mein bunter Tupfer.

Deutsche Version

Die Welt ist grau.
Ich bin ein armes Hüpferchen.

Ich liebe dich.
Du bist mein buntes Tüpfelchen.

Wienerisch ...

Host a Leid'n?

Di Wö'd is grau
und i bin a oama Hupfa.

Oba i liab di,
weu du bist mei bunta Tupfa.

Kleine Reim-Hommage
an Fritz Walter

Es war einmal ein Bankkaufmann,
den trieb etwas ganz anderes an.
Fritz Walter klingt wie Lieschen Müller
und trotzdem war der Mann ein Knüller.
Den „Bumm" hat er am Bein getragen,
solange es hieß: „Tore jagen!".
Kein Scheinchen konnte weg ihn locken,
am Betzenberg, da blieb er hocken.
Doch mit der Deutsch-Elf und mit Macht
hat er ein Wunder in Bern vollbracht.
Als der Ball und er auseinander gingen,
fing er – gottlob – nicht an zu singen,
auch nicht zu filmen, nicht klugzusch…..
- er wollte nur Fritz Walter heißen
und unter diesem Namen schreiben,
was von ihm einst zurück sollt' bleiben.
Er hatte keine Kinderschar,
die nachfolgt diesem Fußball-Zar.
Doch trägt ein Stadion seinen Namen.
Das war's, das bleibt. Und damit amen.

*(Beitrag zu einem Literaturwettbewerb anlässlich des
90. Geburtstages von Fritz Walter.)*

Zwei Vierzeiler

Bärenglück
Ein Bär, der tapste durch den Wald.
Beinahe wurd' er drüber alt.
Bis er den Bienenstock entdeckte.
Fortan er nur mehr Honig leckte.

Bienenglück
Im Bärenfell ein Bienchen sitzt,
der Bär nascht an den Waben.
Vor Wärme fast das Bienchen schwitzt.
Wie gut, dass sie sich haben.

Nachtdienst

Mein lieber Theobald, du Schaf
mit deinem Wuschelfell,
ach, schenk doch meinem Liebsten Schlaf
und das, wenn möglich, schnell.

Mir wäre lieb und gut und recht,
wenn er heut dich und deine Sippe
– es geht ihm grade ziemlich schlecht –
nicht zählen müsst', mit müder Lippe.

Spring du ihm bitte gleich ins Aug
und schaue sanft ihn an,
weil ich zur Zeit nicht dafür taug',
selbst, traurig fern, nicht kann.

Ach, Theobald, schwing deinen Huf
und lauf mal zu ihm hin.
Du weißt, dass ich dich immer ruf,
wenn ich unpässlich bin.

Heut tut ihm so Verschied'nes weh
und ich, ich fehl ihm auch.
Stups ihn doch mal an seinem Zeh
und wärme seinen Bauch.

Für deinen Liebesdienst hab Dank,
oh Theobald, du Schaf.
Und morgen ist er nicht mehr krank,
wenn er heut Nacht dich traf.

Für mein Brötchen

Meine Mutter ist die Erde,
meine Nahrung Sonnenschein.
Dass ein bisschen braun ich werde,
lieg' ich auf der Mutter mein.

Mein Freund Wind streicht über'n Rücken,
Bruder Grashalm kitzelt mich.
In mir sammelt sich Entzücken -
anstecken, das will ich dich!

Leg dich zu mir, wie zur Erde.
Wie die Sonne will ich warm sein,
wie der Wind ich streichen werde
und gekitzelt wirst du auch fein.

Beide haben wir die Mutter,
Nahrung, Freunde, Brüder, viel.
Auf dem Brötchen deine Butter
ist, was ich dir sein noch will.

Weibliche Berufsstandsängste

Ich sah den Maurer mit der Kelle,
war glücklich, dass er nicht mein Mann.
Was macht er abends an der Stelle,
wenn er nicht Mörtel füllen kann?

Neidvoller Trinkspruch

Zum Wohl! Ich heb mein Glas auf euch,
ihr Dichter, Denker, Trinker!
Beim Schlucken und im Reimvergleuch
bin ich ein armer Stinker!

Liebeswohl

Hedwig, gut, dass du jetzt gehst,
weil du nur im Wege stehst.
Ich zieh meine Hosen an,
Liebweh treibt mich jetzt voran.
Runter lass ich sie erst wieder
nicht in Rosen - mal im Flieder.
Selbst im Feld des Rosenkohl
finde ich mein Liebeswohl.

Dicht

Ich kann mein Herz drehen und wenden
wie ich will,
immer
bleibst du drinnen.

Dich zu lieben

Bevor ich wusste, was Liebe ist,
musste ich erst mich selbst lieben.
Bevor ich den Liebsten sehen konnte,
musste ich erst mich finden.
Bevor ich erfuhr, Liebe trägt alles,
musste ich mich erst selbst (er)tragen.
Bevor ich erkannte, was ich fühlte,
musste ich erst sehen lernen.
Ich sah den Irrtum, fühlte den Schmerz,
ertrug die Probe, ertrank in Verzweiflung -
und lernte von meinem Herzen Wahrhaftigkeit.
Bevor ich sicher war,
ist die Zeit meines Lebens vergangen
und zuletzt viel passiert.
Nun bin ich meiner Liebe sicher.
Nichts kann mich mehr zum Fallen bringen,
als ich mich selbst.

Ich weiß nicht,
ob du, mein Liebster,
weißt, was Liebe ist.
Vielleicht musst du
dich erst lieben, finden, ertragen, sehen lernen;
Irrtum, Schmerz, Probe, Verzweiflung durchleben -
Wahrhaftigkeit spüren.
Vielleicht tust du es schon.
Was weiß ich von dir? Nichts.
Ich weiß nur von mir
wie viel es ist, dich zu lieben.

Glück

Als wir
in den Schlaf sanken,
war ich
noch ganz und gar
von deiner Haut bedeckt.
Ich schlief ein
mit einem Lächeln.

Als wir
erwachten,
warst du
noch ganz und gar
von meiner Haut bedeckt.
Und ich sah
in dein Lächeln!

Du bist

Du bist wie die Sonne,
der Wind und das Meer
und ihre Wandelbarkeit
zieht mich her.

Ich kann dich nicht lassen,
nicht fassen, nicht hassen.
Bin oft abgetrennt,
kann dich doch nicht verlassen.
Still und nackt liege ich
ausgebreitet am Strand,
meine Hände begreifen
unendlichen Sand.

Und ich warte auf die Brise,
die sanft auf mich weht,
auf die Sonne, die wärmt,
auch wenn der Tag spät
und das Wasser,
das zart meine Beine umspült,
bis sich alles
in Liebe verbunden anfühlt.

Immer wieder kommt der Sturm,
macht die Haut hart und kalt
und die Sonne verschwindet,
kommt nicht mehr so bald.
Das Meer grollt in Wogen,
spritzt mir derb ins Gesicht
und ich kämpfe und warte,
will es doch so nicht.

Du bist wie die Sonne,
das Meer und der Wind.
Und ich bleibe und ich nehme,
unerschüttert wie ein Kind.

Seltsam

Du hast mich so tief verletzt wie keiner,
mich mit Füßen getreten
und mir das Gefühl entstehen lassen
ich sei der letzte Dreck.
Und du hast es nicht einmal gemerkt.

Ich liege noch auf dem Boden,
kämpfe gegen den Schmerz
und finde etwas im Dreck
zum Auslöschen und Verzeihen:
Liebe.

Auf deinem Weg

Du hast dich verlaufen.
Und es kann sein, dass es dauert.
Denn du findest dort süße Beeren,
gleißendes Sonnenlicht
und prickelnde Bäche.
Du siehst *dich* nicht mehr,
weil alles so schön ist.
Und keinen anderen.
Weil du auf nichts wartest.

Eines Tages wirst du dem Weg deines inneren Wissens
begegnen.
Und du wirst stehen bleiben.
Denn du erkennst,
dass süße Beeren nicht satt machen,
dass ewige Sonne verbrennt
und dass *ruhige* Wasser dich halten.
Du wirst dich darin sehen und es lieben.
Und mich sehen.
Denn ich warte dort.

Schmerzwelle

Ruhelos,
uferlos,
nicht treibend,
aufbäumend,
Herz und Seele
ganz offen,
an der Oberfläche,
zum Greifen nah,
bleiben sie unberührt
von dir.

**Der unstillbare Wunsch nach Meer,
nach mehr**

In deinen Armen liegt ein Meer,
das stärker ist als ich.
Ich schwimm in seinen Wogen sehr
und doch verschlingt es mich.
Kein Strand ist da und keine Boje,
an deren Stand ich Atem hole.

Dein Fassen lässt mich tief versinken,
es ist ein kleiner Tod.
Doch darf ich dieses Meer austrinken
und seh das Morgenrot.
In deinen Augen find ich Grund
und küss mich fest an deinem Mund.

Komm, nimm mich wieder, ganz und gar,
zieh mich doch zu dir hin.
Ergreife mich mit Haut und Haar,
dass eins ich mit dir bin.
In deinen Armen ist es gut,
bei dir ist Leben, Sterben, Mut.

Jahre und Stunde

Die Jahre - die ich verbracht habe, um zu „erwachsen"
        - die ich für Unwesentliches vergeudete
        - die ich gebraucht habe, um alle meine
          Fehler zu machen
        - der Selbstzweifel, die mich gepeinigt haben
        - mich schuldig zu fühlen, versagt zu haben
        - in Verantwortung, Pflicht und Sinnfindung
        - mit Tränen, Angst und Traurigkeit

        - der vergänglichen Jugend
        - der relativen Unbekümmertheit
        - die mir schön erschienen und mir Glück
          brachten
        - in denen ich meine Kinder gebar
        - in denen Sonnenschein war
        - in denen ich Sinnvolles tat
        - die alle schon vergingen,

        waren die

eine Stunde wert

        - in der ich dir begegnete.

Gleichnis

Ich möcht so gerne Großes schreiben –
vom Schmerz der Erde, vom Weltenlauf.
Ich möcht gekonnt zum Denken treiben,
mit klugen Versen – landab, landauf.
Zu Politik und Zeitgeschichte
würd ich gern weise Schlüsse zieh'n –
dass sich die Menschheit nicht vernichte,
dass Menschen nicht vor Menschen flieh'n.
Ich möcht von Menschlichkeit erzählen,
von Würde, Achtung, ehrenwert,
und dabei Flammenworte wählen,
die glänzen wie ein Heldenschwert.
– Ach, was ich gerne alles schriebe!

                          Mir fällt nur ein,
                                          dass ich dich liebe.

Kompliziert!

Wenn du mich liebst, liebe ich dich.
Wenn du mich nicht liebst, liebe ich dich auch.
Wenn du mich nicht liebst, kann ich mich immer noch lieben.
Wenn du mich liebst, kann ich mich noch mehr lieben.
Ob du mich nun liebst oder nicht, es ist nichts anders.
Es ist nur schöner, wenn du mich liebst.

Einfach!

Ein Haar

Auf meinen Kleidern hing ein Haar
– da sah ich, dass es deines war.
Ein Haar ist ja nicht viel, vielleicht,
und hätte mir sonst nicht gereicht,
doch – gestern erst von dir gegangen,
halt ich es jetzt bei mir gefangen
und tausch es gegen vieles ein,
werd ich erst wieder bei dir sein.

August

In den Gärten des Sommers
schwebt die Lust in der Luft,
schwer duften die Blüten,
weil kein Sehnen verpufft.

Komm, nimm mich in die Arme,
spür den Körper, aufgeheizt.
Lass dich spüren, dass mein Mund
jetzt nicht mit Küssen geizt.

Die flirrende Sonne
spiegelt flimmernd den Asphalt.
Ein Donner ist zu hören,
wilder Regen kommt bald.

Hier ist Gier nach dem Leben,
nach der Liebe, übervoll.
Ich weiß gar nicht, was ich dir jetzt
zuerst geben soll.

Eine Schwalbe zog vor Wochen
in die Mauernische ein.
Deutlich lässt sie es hören -
sie lebt da nicht allein.

Ich liebe das gleißende Sonnenlicht
und der Nachthimmel tut mir so gut.
Der Tag tankt mich mit Begehren auf,
mit den Sternen finde ich allen Mut.

Alles Wasser sieht so unendlich aus,
lockt und kühlt und stärkt jeden Sinn.
Das Schilfrohr sich im Winde wiegt,
gibt sich endlich der Zeit einfach hin.

Mir zittern die Schenkel, mir zittert das Herz,
will mich geben dir, mit Haut und Haar.
Komm doch du auch zu mir und säume nicht,
dann bleibt es im September auch noch wahr.

Lieb' stricken

Komm, lass uns heute Fühlknäuel sein,
häng den Verstand an die Gard'robe.
Lass bloß die Welt heut nicht herein,
die Haut sei deine einz'ge Robe.

Dann will ich gern verstricken mich
mit meinen Maschen ganz in dich,
ich bring dir neue Muster bei,
Faden verlier'n ist einerlei.

Und sind wir endlich ganz verstrickt,
von unser'm Knäuel sehr entzückt,
zieh'n den Verstand wir wieder an,
mit dem man so schlecht stricken kann.

Der Himmel umschließt mich

Bevor du da warst,
war das Gras schön grün,
das Meer herrlich blau.
Die Vögel waren Sangeskünstler,
die Sonne mein geliebtestes Licht,
der Himmel mein Dach.
Für mich waren Menschen da.

Jetzt, wo du da bist,
spüre ich jeden Grashalm,
das Meer ist unendlich,
die Vögel können Symphonien.
Mein geliebtestes Licht ist nicht mehr die Sonne,
seit der Himmel mich umschließt.
Für mich ist jetzt ein Engel da.

Stimmung

Wie hat sich alles so gerichtet …
Der Morgen macht November mir aus März.
Die schweren Wolken sind verdichtet.
„Ich will nicht aufsteh'n", klopft mein Herz.
Kläglicher Rabe mimt mir Vogelsang,
Baumblätter halten still. Vermutlich lang.

Im Bett hab ich die Frösteldecke.
Ein jeder Zeh versucht sich einzuzieh'n.
Der Schlummer will nicht, dass ich mich schon strecke
und hält mich gnädig noch ein wenig hin.
Ich spüre, dass mich innen etwas sticht.
Und warum wärmt die Badewanne nicht?

Dein Zimmer war doch gestern noch nicht traurig.
Mein Fuß über den Boden schleift.
Allein der Kaffee, er kommt zu mir, fertig,
aus deiner Hand, die freundlich meine streift.
Schlaff scheint der Mantel dort am Haken mir.
Doch ich muss heute weg von dir.

Frieden gefunden

Welt erschreckt mich.
Wie kann ich ertragen,
was ich so selten ändern kann?
Düsternis wich
an allen jenen Tagen,
an denen ich mit dir war. Dann!

Den ganzen Frieden,
um für diese Welt zu taugen,
find ich in einem einz'gen Blick
in deine liebend tiefen Augen.

Liebesbehandlung

Wenn ich nicht bei dir bin,
hinke ich manchmal
und neige zu Kurzsichtigkeit.
Hin und wieder kann ich nicht richtig hören
und bin unsicher, wie etwas schmeckt.
Ab und zu verlässt mich mein Gespür
und ich verliere das Gleichgewicht.

Wenn ich zu dir komme,
sind meine Schwächen nicht geheilt.
Du öffnest ihnen die Tür,
lässt sie mit mir ein,
sprichst sie an.
Und sie versuchen,
kleiner zu werden.

Gute Nacht

Ich geh zu Bett, find' meine Ruh'.
Ich stell' mir vor, du deckst mich zu.
Dein Atem ist mein Einschlaflied,
    die Arme meine Decke,
die warme Haut mein Traumgebiet,
    auf dem ich mich ausstrecke.
Mein Kissen ist die Zuversicht,
dass du gleichwohl an mich gedacht.
Mein Kuss, der streift nun dein Gesicht.
Ich wünsch dir eine gute Nacht.

Feuertanz

Komm, lass uns zusammen ums Feuer tanzen,
immer brenzlig, am Rande, wie leuchtende Lanzen.
Lass uns Wärme und Licht in die Seelen aufnehmen.
Gib die Hand mir, wenn wir nur mehr flackernde Schemen.

Kann sein, wir müssen ins Feuer auch geh'n.
Dann will ich mit dir dort in Flammen steh'n.
Wenn die Funken uns über die Füße sprüh'n,
blasen wir sie uns aus, bis wir nicht mehr glüh'n.

Lass uns in der Glut weit die Augen aufreißen,
furchtlos, was die Feuersbrunst auch mag verheißen.
Ich werd nicht verbrennen und nicht zurück schrecken,
muss das Zentrum des Feuers ich mit dir entdecken.

Leg uns Holz nach, erhalte uns knisternde Scheite,
dass zum Kämpfen und Tanzen das Feuer uns leite.
Wir müssen erst gehen, wenn die Asche verglimmt.
Denn wir sind für den Tanz um das Feuer bestimmt.

Wenn es dunkel und kalt, wird auch unser Docht sich neigen.
Dann wird die Unendlichkeit still mit uns schweigen.
Das Feuer ist nicht Hölle, nicht Verderben, nicht Not.
Ich fühle, es wird uns bleiben, sind wir dann auch tot.

In diesem Moment ...

Wenn ich im Sommer friere,
Telefonanstarranfälle kriege,
jeden Straßenköter hingebungsvoll streichle,
mein Postfach anbete,
verstohlen mindestens elf Mal hintereinander ein Liebesgedicht lese,
mein Radio bei manchen Liedern ausmache
und beim Einschlafen das Kissen massiere

- in diesem Moment

würde ich zirka zweihundertsiebenundvierzig Kilometer fahren,
mit einem Blechhaufen auf Rädern,
ohne zaudern, ohne Zahnbürste, ohne Geld
und hungrig,
würde meinen Kindern mal absagen
und zur Not auch drei Tage die gleichen Socken tragen,
nur

- um diesen Moment

... in deinen Armen sein zu können.

Gesandtes

Im Zeitalter unserer auf Minimalkommunikation reduzierten Gebrauchsmedien vegetiert die dafür verwendete, kurze, schnelle Sprache zunehmend vor sich hin, ist von Verstümmelung gezeichnet. Die Kurzmitteilung als zeitgemäßes Sprachmittel - auf den Anrufbeantworter, im Internet-Chat und auf das Handy …

Dem entsprechend, aber mit dem Wunsch, Sprache trotzdem poetisch, schön und fantasiereich zu (er)halten und benutzen zu wollen, folgen meine dafür entstandenen und so genannten

„SMS – Gedichte":

Beflügelt

Immer,
wenn ich von dir weg gehe,
stößt ein Messer in mein Herz,
das den Rücken durchdringt.

Dort aber
beginnen Flügel zu wachsen,
die mich durch die Tage tragen,
bis sie groß genug sind,
mich wieder zu dir zu bringen.

*

Viel

Vieles passiert.
Vieles unausgesprochen.
Vieles undefiniert.
Viel gezeigt.
Viel erfühlt.
Von vielem überwältigt.
Liebes Glück,
nicht vom Himmel gefallen.
Vielen Dank.

Es ist gut wie es ist.
Nichts zu danken, nur leben.

(Navigation ist das sichere Finden eines Punktes und
das sich Zurechtfinden in einer Ortsbeschreibung.)

Navigation

Bin weg von dir.
Kann's kaum noch fassen.

Jedoch,
mein Herz
hab ich bei dir gelassen.

Gehalten

Ich falle manchmal in ein Loch,
doch falle ich nicht tief.
Weil du doch immer zu mir kamst,
wenn ich dich jemals rief.
Ich darf in deinem Herzen wohnen.
Und dafür würd sich alles lohnen.

*

Windrichtung

Durch das Fenster meiner Wegfahrt
bläst Rückwind.
Er bedeutet mir schon in absehbaren Tagen
neuen Hinwind.

Immer,
wenn du Luft holst,
kannst du ihn spüren.

Bin weg

Vermisst du etwas?
Wärme?
Du hast sie mir mitgegeben!
Und ich behalte sie,
bis ich sie dir wiederbringe.
Aber fühl nur mal:
Unter deiner Decke steckt welche von mir.
Dort, neben den aufgehäuften Kissen
               - nein ... Küssen.

*

Liebesgruß im Dezember

Durch furchtbar kalte Winternacht
kommt trotzig eine kleine Macht:
Ein solcher Kuss bricht bei dir ein,
der macht sogar die Weihnacht klein.

Depot

Hab so viel Küsse bei dir gelassen.
So, dass nicht auch nur *ein* Tag vergeht
– bis ich dann wieder zu dir komme –
an dem kein zarter sich auf dich legt.

*

Sicherer Schluss

Seppl, der hat nichts im Kopf.
Franz hat nur was in der Hose.
Alois hängt am Alko-Tropf.
Gewiss bleibt – ich nur dich liebkose.

Es ist gut,
dass wir nicht immer zusammen stecken

Wie kommt es dann,
dass ich jede Zeit
als verloren empfinde,
die ich nicht
mit dir verbringe
und dass ich,
in dem Augenblick,
in dem du die Tür
hinter mir zu machst,
dich schon vermisse?

*

Wintersonne

Der viele Schnee, er schreckt mich nicht.
Ich sehe vor mir dein Gesicht.
Es ist so warm, mir lieb und gut.
Ich hab für jeden Schnee noch Mut.

Weckauftrag

Ich bin das Fräulein hier vom Amt
und Sie sind leider gottverdammt,
jetzt unversehens aufzusteh'n,
zu einem Aderlass zu geh'n.

Doch kriegen Sie bald süßen Lohn,
denn morgen abend komm ich schon –
ich – das Geweibe von dem Amt
und ***dann*** bist du erst gottverdammt…

Steh auf, du Hase, klingel kurz an,
damit ich mich entspannen kann
und weiß, du stehst jetzt wirklich auf
und stellst dich deinem Tageslauf.

Ich geb dir viele Bussis mit.
Ich weiß, dann wird er leicht, dein Schritt.

Guten Morgen! Aufstehen!

*

Liegen gelassen

Ich habe etwas bei dir liegen gelassen.
Bewahre es bitte liebevoll für mich auf,
bis ich wiederkomme.
Es ist mein Herz.

Deine Balkonblumen

Aus jedem Blümchen vom Balkon,
da lächle ich zu dir.

Weil du sie alle lieb hast,
hoff ich, du machst's auch bei mir.

*

Mit Biss

Nun bin ich weg.

Hab dir noch mal
an den Haaren geziept,
in den Po gezwickt,
den Bauch gekitzelt,
in die Nase gebissen
und ins Ohr geküsst.

Damit du
mich nicht vergisst.

Zeichen

Wo immer sich zwei Schiffe kreuzen,
wie man sich auch in Meeren fand,
dort, wo der Leuchtturm steht, erhoben,
dort finden beide sich'res Land ...

*

Schau mal

Ach, bitte stell dich einmal
nackt und bloß vor den Spiegel.
Wenn dein Blick langsam hoch wandert,
von deiner linken unteren Fußspitze
bis rechts oben zu dem kleinen
Haarwirbel auf deinem Kopf,
dann hast du alles gesehen,
was mich glücklich macht.

Telegramm

Kopf so voll,
aber klar.
Herz so schwer,
aber in Flammen.

Hand in Hand
fühle ich.

*

Nach dem Abschied

Ganz lustig wollte ich dir schreiben ...
So richtig lustig ist mir nicht:
Pinschpudelmopsig, wackeldacklich –
so etwa ist heut mein Gesicht.

Trugschluss

Es war ein Winter, hart und lang,
voll Dunkelheit und Kälte.
Kein Vogel auf der Straße sang,
kaum Sonnenschein erhellte.
Mich fror, ich brauchte manchen Tee,
ich zählte seine Stunden.
Ich wünschte mir: ach, Winter, geh!
Hab ihn als Feind empfunden.

Ich hätte gerne ihn zurück.
Denn in ihm war auch all mein Glück.

Den Frühling sehnte ich herbei,
mit seinen warmen Tagen.
Ich glaubte, wenn er hier erst sei,
dann gäb' es nichts zu klagen.
Nun tut die Sonne mir sehr weh.
Der Vögel Lied macht weinen.
Und während ich alleine geh,
wird mir kein Grün je scheinen.

Am letzten Schnee ich noch mal leck'.
Mein Glück, mein ganzes Glück, ist weg.

Februar

Die Welt ist wüst, es wintert sehr
und draußen Narren springen.
Mit Fasching kommt man uns daher,
laut mag ich nicht mitsingen.

Das kurze Ausgelassensein
erscheint wie Flug mir, vor dem Fall.
Danach setzt Zeit nur wieder ein,
in der ich meine Fäuste ball'.

Ich such den Frühling, such den Weg,
wo's endlich licht und mild ist
und träum auf meinem schmalen Steg,
dass du dann auch bei mir bist.

Frauenerotik

Sie sitzt in öder Arbeitswelt,
träumt, was ihr – ach – so sehr gefällt ...
Schwebt seiner Haut entgegen
und weiß, er spürt's, es wird ihn regen.

Vaterliebe
Der Vater schaut auf seinen Sohn,
denkt: „Du bist meines Lebens Lohn."
Er fühlt den Stolz und all die Liebe
- für manches gäb' er gern ihm Hiebe …
Doch nein, ein anderer dürft's nicht sein.
Das spricht aus seiner Augen Schein.

Sohnesliebe
Der Sohn sieht seinen Vater an
und denkt: „Du bist ein toller Mann."
Mein Gott, er liebt ihn auch so sehr
- wenn er nur manchmal anders wär'…
Nein, einen andern wollt' er nicht.
Ach, wie vertraut ist sein Gesicht.

(Wittlich, 17.10.09)

Stadtansichten

Straßensucht und Straßenflucht,
Füße fest und Schritte.
Wer die Stadt am Tage sucht,
findet ihre Mitte.
Hand am Lenkrad, Hand am Geld,
eile und verweile.
Flüchtig, protzig, diese Welt,
Park und Einkaufsmeile.
Lärmend, tobend, in der Nacht
oder Häuser, stille.
Leben ist nicht stadtgemacht,
Leben bleibt dein Wille.

Der Literat

Es war einmal ein Mann, recht klug,
der Worte auf den Lippen trug.
Die Leute hörten gerne ihn,
weil vieles sehr plausibel schien
und er mit bitt'rer Wahrheit machte,
dass man sogar mal drüber lachte.
Er führte schlimme Dinge vor,
ein jeder spitzte gern das Ohr.
Es galt nur richtig zuzuhör'n,
nichts konnte dann die Wirkung stör'n.

Er brauchte keine große Szene,
nicht, dass man ihn im Licht erkenne,
nicht Regisseure, nicht Klamotten -
er konnt' mit bloßen Worten spotten.
Und ungekünstelt, sprachlich nur,
war er ein Messerwerfer pur.
Oh, dass er doch bald wieder käme,
nur mit der Stimm' die Leute nähme
und ohne jeden Firlefanz
eröffne seinen Wörtertanz.

Egoistengedicht

Ich.
Ich bin.
Ich lebe.
Ich gebe.
Ich suche.
Ich fluche.
Ich will finden.
Was ich kann.
Will verbinden.
Pirsch mich an.
Ich möchte sein.
Ein heller Schein.
Ich befass mich mit mir.
Kämpf' mit Jetzt und mit Hier.
Sehe mich als Zenit?
Aber das ist der Schritt
mich einzugeben,
in dies mein Leben.
Mich selbst muss ich haben.
Ohne das keine Gaben,
die ich kann.
Ich fange täglich neu
zu leben an.

Egoistengedicht?
Mitnicht'!

Moseltag

Durch einen Sommertag getragen
von einem Schiff auf Flusses Wellen,
vergaß ich einmal alle Fragen,
ich brauchte keine mehr zu stellen.

Von sattem Grün friedvoll umgeben,
von fließend' Wasser aufgericht',
sorg' ich mich nicht um dieses Leben
und schreibe lieber ein Gedicht.

Euch, Freunde, Dank sei für das Beisein,
ihr habt mir alle wohl getan.
Dass Wasser fließt, wird nie vorbei sein.
Kommt, lasst uns immer denken dran.

(6. Juni 2010)

Lieblingsmonat

Immer wieder
kommt die kalte, graue, kopfsenkende Zeit
und dauert so lange.

- Wie gut!
Du bist Juli für mich.
Juli ist heiß,
Juli ist hell,
Juli hebt den Kopf.

Ein Juli zählt mehr
als sechs mal dreißig andere Tage.

In Prosa Geschriebenes

(Nachfolgende Geschichte war Beitrag zu einem Literaturwettbewerb anlässlich des 90. Geburtstages von Fritz Walter.)

Wer ist Fritz Walter?

Als ich 1977 – nach dem Motto „was kostet die Welt?" – meinte, die Pfalz erobern zu müssen, war ich 18 Jahre jung.
Ich war in Wien geboren und aufgewachsen, geprägt von der österreichischen Kultur und Bildung und dem dortigen gesellschaftlichen und öffentlichen Leben.

Das mit dem Erobern habe ich bald aufgegeben. Ich stieß ja schon an meine Grenzen, wenn ich auf dem Markt einen Karfiol ergattern wollte, der sich hierzulande erst nach Handzeichen als Blumenkohl offenbarte.
Wie sollte ich – aus einer Schifahrernation – dann erst damit zurecht kommen, dass man in diesem Lande mit einer mir unerklärlichen Begeisterung zu elft einem Ball auf dem Rasen hinterher jagte, dies als Volkssport betrieb und man jeden kleinen Jungen nach den Bundesligaergebnissen fragen konnte, allerdings keiner wusste, wer den letzten Weltcup im Abfahrtslauf gewonnen hatte?!
Wir Österreicher verdrängen diesen Sport Fußball gedanklich ja gerne mal, bevor wir anfangen müssten, darüber zu granteln, wie die Ergebnisstatistik der

deutsch-österreichischen Spiele schwarz auf weiß aussieht. Irgendwie können wir uns nur das Wort „Cordoba" merken.
Jedoch – Österreicher sind grundsätzlich niemals unterlegen ... sie hören dann nur auf, zu *über*legen und wenden sich charmant anderen Dingen zu.

Ich aber fügte mich nun hier in meiner Wahlheimat langsam in mein Schicksal, beobachtete erst meinen Mann, dann die heranwachsenden Söhne verwundert bei ihrer Begeisterung um die mindestens wöchentlich wiederkehrende Frage, ob es nun ein Abseits gewesen sei oder nicht, was man da im Fernsehen oder auf dem Sportplatz gesehen hatte.
Das Geheimnis um das Abseits ist mir bis heute verschlossen geblieben, aber vielleicht liegt es auch daran, dass ich nie ernsthaft danach gestrebt habe, es in meinem Leben zu lösen.
Ebenso war ich stets von der ungeheuren Wichtigkeit diverser aktueller Fußballidole umgeben. Beharrlich versuchten meine Söhne, mir die Köpfe auf ihren Sammelbildchen in Rang und Namen näher zu bringen. Ihre Bemühungen blieben leider größtenteils vergebens und sie rauften sich aufjaulend ihre Löckchen, wenn ich eine Woche später nicht mehr wusste, bei welchen Vereinen der Spieler XY schon überall erfolgreich gekickt hatte.

Neben all den illustren Namen, die zu Fußballgöttern, -halbgöttern oder wenigstens -größen gehörten, begegnete mir auch immer wieder der Name Fritz Walter. Eines war irgendwie klar: Er genoss in dieser Region eine absolute Ausnahmestellung und er war jeder Altersgruppe ein Begriff und jede verband etwas mit ihm. Es konnte gar nicht ausbleiben, dass auch ich mit ihm konfrontiert wurde, selbst wenn ich ihn immer nur nebenbei wahrnahm.

Ich erlebte hier mit, dass er in seinen Rentenjahren ein immer gern gesehener Gast aller möglichen Sportsendungen war, seine Meinung und sein Rat in Fußballdingen blieben immer gefragt.
Der gemeine Pfälzer hält nichts von Umstellungen. Er hat gern sein Gewohntes und im Übrigen - seine Ruhe.
In Sachen Fritz Walter ging das anders:
Es hatte schon etwas von einer Wallfahrt für die Pfälzer, als sie nicht mehr nur „zum Betzenberg", sondern ins „Fritz-Walter-Stadion" fahren konnten.
Als er starb, erfuhr auch der Letzte, falls er noch nichts von ihm gewusst haben sollte, im Sog dieses Phänomens des „Idoltodes" in wuchtigster Dimension auch noch das kleinste Detail aus seinem Leben.

Mit mir allerdings ist es ein Jammer. Ich bin und bleibe fußballresistent.
Ein Fritz Walter jedoch würde nicht in den Köpfen und sogar manchen Herzen der Menschen hier bleiben, wenn er nicht Außergewöhnliches geleistet hätte und ihm dafür nicht auch noch posthum Respekt gebührte.

Übt Nachsicht mit mir, dem zugezogenen „Ösi". Nicht immer alle Zusammenhänge, aber das Phänomen Fritz Walter habe ich verstanden. Er trug Fußballschuhe und ist mit ihnen zum Größtmöglichsten aufgelaufen, hat Zeichen gesetzt …
Ich trage keine Fußballschuhe. Aber wenn ich mich in meinen Schuhen – Publikum oder nicht, mit oder ohne Ehre – um das Gleiche bemühe, dann hat er sehr Wesentliches vermittelt.

Vom Zwang, Lebensmittel für Weihnachten zu horten

Tag drei vor Weihnachten. Der Angriff läuft.
Ich habe mein Geschütz Marke Passat Kombi aufgefahren, postiere mich mit bereits beschlagenen Scheiben im Schützengraben – äh – in der Tiefgarage des Supermarktes.
Er ist eine Großmacht.
Ich wechsle zuerst zum Kleinkaliber Einkaufswagen und laufe mit metallisch scheppernden Drohgeräuschen ein. Ich treffe auf eine Armee von Leuten. Keine Ahnung, ob die von feindlichen Stellungen kommen oder meiner Bürgerwehr-Initiative: „Lasst Weihnachten die Familien nicht verhungern" angehören. Ich erkämpfe mir erst mal ein Durchkommen und lande bei der Abteilung Obst und Gemüse.

Rosenköhlchen? Oder vielleicht doch Zuckererbschen? Was wird Schwiegermutters Darm am besten vertragen, wenn ich sie am so heiligen Abend bewirten darf? Ich fasse alles an und habe zum ersten Mal das Bedürfnis, mit Rosenkohl auf alles und jeden zu schießen … Ein paar frische Erdnüsse zum fröhlichen Knabbern zwischendurch, als Nervennahrung? – Ich ertappe mich dabei, dass ich die kleinen Nüsse schüttle, um festzustellen, ob sie etwa hohl sind, zu dem Preis. Früchte … erfrischende Früchte brauchen wir, zur Erholung nach üppiger Völlerei, am Tag danach. Die Orangen haben Orangenhaut. Die Bananen sind heute zu krumm. Die Südseeananas provoziert mich mit dem aufmüpfig stacheligen Blattbüschel auf ihrem schuppigen Kopf. Sie erinnert mich daran, dass mir bereits selbst die Haare zu

Berge stehen. Und an ihre Herkunft, aus sonnigen Gefilden, wo es ewig warm ist und das Meer rauscht. Bevor ich in eine Depression verfalle, nehme ich einheimische Äpfel – die sauerste Sorte. Sie entspricht genau meinem Gemütszustand. Und jetzt nichts wie weg aus dieser sommerfarbenen Abteilung.

Ich registriere Sodbrennen. Es könnte daran liegen, dass sich die bunten Früchte bei mir nicht mit den plärrenden Weihnachtssongs vertragen, mit denen die Großmacht Supermarkt versucht, das Fußvolk mürbe und kampfmüde zu machen. Aber nicht mit mir!
Tapfer schlucke ich sauer Aufstoßendes und bewege mich zu den Tiefkühltruhen.
Endlich – endlich passt die winterliche Atmosphäre zum gegebenen Anlass. Vor mir liegt eine Armada von steif gefrorenen, toten Puten. Mich überfällt eine kurze sentimentale Trauer über ihr kollektives Ableben, nur weil ein paar offiziell höhergradigere Wesen just zu einem bestimmten Zeitpunkt auf tote Puten stehen. Was soll's! Ich erinnere mich an die Traditionen, die mich stets unbeirrbar hielten und greife nach einem Drei-Kilo-Stück. Das arme Tier wirkt recht blutunterlaufen. In erst geronnenem, dann gefrorenem Zustand sieht es ziemlich blau aus. Ich entscheide, dass blaue Pute im Teller zu leuchtend grünen Zuckererbsenschoten nicht gut aussieht und wähle ein blasseres Modell. Glücklicherweise hat man ihm die verblichenen Beinchen mit einer gekräuselten Goldschleife zusammen gebunden, damit sie richtig festlich wirken. Da ich auf gute „Deko" abfahre, fahre ich mit der Pute ab.
Vorbei geht es an Ramschtischen, auf denen sich auch noch in letzter Minute etwas findet, womit ich eine arme Seele beschenken kann, für die mir noch nichts eingefallen ist und die sich damit wenigstens einmal wieder von

Herzen gruseln kann. Wir wollen ja die Herzen bewegen ... in welche Richtung, bleibt jedem selbst überlassen.

Vor dem Eierregal komme ich zum Stehen. Mir wird warm ums Herz, weil ich weiß, dass ich nun endlich im weihnachtlichen Sinne etwas Gutes tun kann. Das ganze Jahr über kaufe ich die billigsten Eier (mit abgeschalteten Gedanken, weil ich mir andere nicht leisten kann) – aber jetzt ist mir wohltätig zu Mute, ich will ein guter Mensch sein und greife zu den Eiern der „artgerecht, garantiert ohne Antibiotika gefütterten, freilaufenden Hühnern aus dem regionalen Freigehege des Biobauernhofs um die Ecke". Seltsamerweise bekomme ich dabei schon wieder eine Magensäureattacke. Mir fällt gerade ein, ob es nicht ohne jede ausdrückliche Proklamation eine ständige Selbstverständlichkeit in der Verantwortung des Menschen sein sollte, Hühner mit dem zu füttern, was die Natur für sie als Nahrung vorgesehen hat. Und ich frage mich, ob es zur staatlich mir wohlgesonnenen Kosteneinsparung im Rahmen der Gesundheitsreform gehört, wenn Medizinwissenschaftler zulassen, dass Hühner mit Antibiotika vollgespritzt werden, damit für mich die Medikamentenkosten entfallen, wenn ich von einer bakteriellen Angina angegriffen werde?
(„Iss Huhn und dein Halsweh verschwindet!") - Schluss jetzt! Das lenkt zu sehr ab.

Ich überschlage noch einmal schnell im Kopf, ob der Inhalt meines Einkaufswagens ausreichen wird, um meine Lieben im Schweiße meines Angesichts in der „oh du fröhlichen ..." wiederholt stundenlang zu bekochen und ob es genug „her macht", wenn Besuch kommt, der prüfend wertet, ob man das Fest angemessen begeht.

Ich fühle mich unsicher, aber vor allem unlustig. Im Grunde will ich das alles so gar nicht. Aber alle Jahre wieder leitet sich im letzten Monat eines abgehalfterten Jahres dieser unbändige Zwang auf mich weiter, wenigstens Genussmittel zu horten; vielleicht, weil wir uns alle gerne das Gefühl vorgaukeln, dass zumindest in *der* Hinsicht alles um uns herum okay ist. Wenn einem Tier sein Revier fremd ist, sucht es zuerst, ob es genug Futter findet ...
Kein Wunder also, dass ich so aggressiv bin – und zurück, zu meinem Kampfgebaren.

Aus zusammen gekniffenen Augen peile ich zielstrebig die optimalste Richtung zur Kasse an und stürme mit meinem überquellenden Einkaufsgeschütz darauf zu. Ich bin nicht an vorderster Front im Bataillon, ich muss mich hinten einreihen, ohne klaustrophobisch oder hysterisch zu werden. Ich stehe das durch, wie im letzten Jahr.

Mit flinken Fingern belade ich anschließend unterirdisch meinen vermeintlich überirdischen Versorgungspanzer mit den Gütern aus der Schlacht und fahre flinken Reifens heim. Unterwegs bewaffne ich mich noch mit einem Tannenbaum - auch so ein Gefangener im engmaschigen Netz, den ich kopfüber quer ins Auto werfe.
Und wenn ich zu Hause mit dem Erbeuteten ankomme, recke ich die Arme in die Höhe, rufe (wenn auch kraftlos): „Die erste Schlacht ist geschlagen!" in meine Sippe und hole mir verstohlen eine magensäurebindende Tablette. Davon habe ich zum Glück einen Vorrat, der reichen wird, bis auch der letzte Feiertag dem verendeten Jahr angehört.

Herbsterwachen

Ein Tag in völligem Grau symbolisiert mir den Herbst in einer Tiefe, die mir den Kopf senkt und das Gemüt. Unaufhörlicher Nieselregen macht mich selbst in meinem Haus kaltklamm.
Soweit ich mich umsehen kann, wird keine Perspektive für mich sichtbar. Vor mir liegen Tage, deren Einerlei auch noch gespickt ist mit stressigen Zwängen und Pflichten voll anstrengender Arbeit. Ich schleiche herum, in diesem Heute. Und weiter will ich lieber gar nicht schauen.

Dann halte ich inne, muss an dich denken.
Mir fällt ein, wie ich mit dir aus jedem Tag, den die Zeit uns immer wieder schenkt, auch den letzten Herbst herausholen und verschwinden lassen kann. Mit dir fällt das ganz leicht. Und macht ein so gutes Gefühl, dass ich weiß, dass es Glücklichsein ist.
Ich sehe deine klaren Augen vor mir, die zwar niemals etwas beschönigen, aber deren Blick dennoch voller Kraft ist. Ich schaue gern in sie hinein, wenn dein Mund spricht. Aber ebenso, wenn er schweigt. Vor meinem geistigen Auge erscheinen deine Lippen, an denen ich so gern hänge, weil sie wortgewaltig sein können oder herzerfrischend lustig und weil sie zärtlich küssen. In meiner Vorstellung gleite ich in deinen Arm, der manchmal so zornig fuchteln kann und manchmal so schön fest hält. Ich spüre deine warme Hand, wie sie sich auf mich legt, wenn sie selbst zur Ruhe kommen will, nach heftigem Gestikulieren oder nach konzentriertem Schreiben.
Wenn es weiter geht, kann ich mich völlig vergessen und verlieren in dir, wenn ich will, denn du tust das

auch. Da ist kein Herbst mehr und nichts, was weh tut.
Da sind nur mehr Lüste und Gelüste. Nicht primitiv.
Nein, es ist sich Spüren und Erfühlen auf der höchstmöglichen Ebene, die du und ich erreichen können.
Davor und danach liegen wertvolle Gespräche oder einfach gemeinsam Erlebtes, ob nun voller Genuss oder in Erschütterung, alles ist intensiv.
Es wird morgen sein. Oder übermorgen. Das ist ja ganz egal. Denn eigentlich ist es schon mein Heute.

Und der Herbsttag nimmt sich zurück.
Sein Grau wird eine sanfte Farbe, die meine Aufmerksamkeit auf sich zieht. Der Nieselregen fühlt sich weich und freundlich an, auch wenn es nasskalt bleibt. In meiner Weste steckt Hoffnung und Vorfreude. Auf alles, was noch kommt.
Jetzt wollte ich dir unbedingt sagen, dass du auch eine warme Weste anziehen sollst.
Deshalb schicke ich dir diesen Gruß.

Von Kleidern

Du trägst den Mantel.
Jenen, der an Stelle von Knöpfen Sicherheitsschlösser hat.
Du verwirfst ihre Zahlenkombination.
Und in den Schal aus Maschendraht machst du einen Knoten.
Du zwängst deine Hände in die zu engen Taschen.
Nur als Fäuste passen sie hinein.
Jetzt kannst du sie nicht mehr öffnen.
Der engmaschige Schal drosselt deinen Atem.
Weiß Gott, warum dir das gut tut und du nichts anderes zulässt.

Vielleicht tut es dir nicht gut.
Aber wenn du so eng in deinen Sachen steckst, musst du nur mit deiner eigenen Wärme auskommen.
Dann kannst du nach außen richtig kalt sein und dich selbst innen gut schützen.
- Aber wovor?
  Vor der Umarmung eines sonnendurchfluteten Sommerkleides,
  das bei stärkerer Belastung Risse bekommen könnte?
  Davor, dass es nicht der gleiche Stoff ist wie der, aus dem dein Mantel ist?
  Vor Sommerträumen, die dir zu wenig sind?

Du hast deine Augen nicht gesehen, wenn du ohne Mantel bist.
Du hast dein eigenes Herz nie gespürt, wenn es offen liegt und ganz frei klopft.
Du hast nie erfühlt, wie warm deine Hände sind, wenn sie durch den Stoff des Sommerkleides gleiten.

Du hast nicht bemerkt, wie friedvoll du Mensch bist,
wenn an deinem geöffneten Kragen dieser Sommerwind
spielt.
Du kannst nicht ohne deinen Mantel sein.
Deshalb glaubst du, den Sommer und dieses Kleid nicht
zu mögen.

Du wirst nicht den Rest deines Lebens im Winter leben.
Eines Tages wird irgendwo ein Loch im Mantel sein.
Oder der Drahtschal wird an einer Stelle brüchig.
Oder du ziehst ein wenig die Hand aus der Tasche, weil
kurz die Faust schmerzt.
Oder das Sommerkleid verschiebt durch sein Flattern
immer wieder die Zahlen an den Sicherheitsschlössern.
Und eines Tages springt ein Schloss auf.
Dann erst wirst du das Sommerkleid unter dem Mantel
richtig spüren.

Dieser Sommer bleibt.

Geschätzter Schatz

Ein Schatz ist etwas, was wertvoll ist.

Wir sagen, wir haben einen Schatz, wenn wir etwas für
uns haben, um das uns andere vielleicht beneiden.
Oder um das wir uns selbst beneiden können, weil wir
uns so etwas immer gewünscht haben
und es in irgend einer Weise sehr bedeutsam oder
bereichernd für unser Leben ist.

Dabei reicht auch ein Schätzchen.

Wir bangen ein bisschen um diesen Schatz
und versuchen, ihn gut zu hüten.

Er hat einen besonderen Platz,

ist besonders deklariert

und wird vor anderen geschützt,

aber immer auch stolz und glücklich präsentiert.

Wir verwenden Schatztruhen
oder zumindest Schatzkästlein.

Davor gehen wir auf Schatzsuche,
manchmal sogar mit einer Schatzkarte.

Bei einem Schatz machen wir auch immer eine
Schätzung.
Dies ist eine genäherte Bestimmung einer
Größenordnung.

Der wahre Wert lässt sich selten feststellen.
Wie hoch er ist, liegt in einem selbst.

Nach allen geschätzten Schätzchen
glaube ich,
dass ich einen Schatz habe.

Fünfzig Jahre Leben

Meine Gestalt hat sich verschoben.
Meine Arme schleifen fast auf dem Boden, weil ich so
oft mehr Lasten zu tragen hatte, als ich eigentlich konnte.
Auch jetzt gerade bin ich noch mittendrin und trage, so
tapfer ich kann.

Meine Füße sind platt geworden.
Die Schuhe sind schneller ausgelatscht. Ich bin eben
sehr viel gelaufen, nötige und unnötige Wege. Aber ich
liebe meine Füße heute mehr als früher.
Weil ich mich auf sie verlassen kann.

Meine Haare sind grauer geworden.
Ich weiß bei jedem einzelnen, warum. Und ich trage sie
stolz, weil sie es wert waren.

Mein Gesicht ist faltiger.
Es sind meine Lebensfurchen.
Einträchtig sind sie beieinander, die Lachfalten und die
geweinten.

Meine Haltung ist schlechter.
Aber das ist rein äußerlich. Noch bin ich nicht buckelig.
Ich bin nur gebeugter, weil ich Demut lernen konnte.

Mein Bauch ist nicht mehr straff.
Er ist meine Mitte.
Und er ist weicher geworden, weil ich seinen Gefühlen
oft nachgegeben habe.
Es hat manchmal Schmerzen gemacht. Zu bereuen hab
ich wenig.

Nur meine Augen sind die gleichen geblieben.
Sie sehen viele Dinge anders an und sie sehen überhaupt andere Dinge an.
Doch sie strahlen, ungebrochen, voller Liebe, auf Vergangenes, Momentanes
und bleiben offen für alles, was noch kommt.

Meine Gestalt hat sich verschoben.
Wir wachsen eben nur eine Zeit in die Länge. Danach wachsen wir in uns.

Unvollkommen, vielleicht nicht mal schön,
bin ich dankbar für die Gestalt von fünfzig Jahren Leben.

Eine schonungslose Geschichte
aber
eine Lesepille gegen jede Art von Schwermut

Es war einmal ein Mensch, der kam zur Welt und lernte von Stund an, dass er nicht geliebt wurde.
Zumindest nicht so uneingeschränkt; nur so ein bisschen, so nebenbei.
Fortan war er mit nichts mehr in seinem Leben beschäftigt, als mit dem Versuch, sich „wert" zu machen, geliebt zu werden. Er unternahm alle Anstrengungen, bildete sich, war ehrgeizig, strebsam und aufrecht im Beruf, verantwortungsvoll in Ehe und Familie. Er versuchte in ein Spiegelbild zu blicken, das man lieben konnte und er blickte immer wieder hinein, um sich von sich selbst zu überzeugen und sicher sein zu können.
So viel Energie verwendete er darauf – dass er vergaß, selbst zu lieben.
Nach längerer Zeit hatte er es nicht nur vergessen, sondern auch verlernt.
Er konnte nicht mehr lieben, weil er so sehr gerne selbst geliebt werden wollte.
Manchmal stellte er fest, dass er „da drinnen" nichts fühlen konnte. Lokal meinte er damit die Stelle, wo man sein Herz trägt. Dann erschrak er sehr und lenkte sich mit wichtigen Aufgaben ab, weil die ihm weniger Angst machten.
Nur ein Mal in seinem Leben geschah ihm, dass er große Liebe spürte, die anhaltend blieb, in Klarheit stand und über jeden Gefühlszweifel erhaben war. Es war die Liebe zu seinem Kind. Sie war die einzige, die blieb und die nicht fragte, ob sie auch bekam.
Ansonsten ging das Leben so vorbei.

Es war ereignisreich und aufregend, die anderen Menschen schätzten ihn entweder oder sie verdammten ihn. Beides war besser, als gar nicht geliebt zu sein und so schätzte oder verdammte auch er die Menschen, weil er sie dann auch nicht wirklich lieben musste.
Und er konnte sich gut damit beschäftigen.

Eines Tages – es war so viel Zeit vergangen und er rechnete mit nichts mehr, außer dass eine undefinierbare Sehnsucht in seinem Leben bleiben würde – eines Tages also *spürte* er etwas in seiner Brust. Endlich, hätte man sagen können – aber es war nichts Angenehmes. Da wuchs etwas in ihm, das irgendwie nicht zu ihm gehörte und je größer es wurde, desto mehr empfand er es als Fremdkörper und als Schmerz. Er begab sich in die Hände von Ärzten, die sich darauf verstanden, Dinge weg zu schneiden, die da nicht vorgesehen waren.
Tumor hieß dieses Gewächs in ihm, das ihn sehr beunruhigte. Es kam eine sehr schwere Zeit, die alles erschütterte. Er wusste quälend lange nicht, ob dieser Fremdkörper in ihm sein Leben bedrohen, verkürzen und zum Leiden machen würde oder ob man das, was ungerufen gekommen war, einfach weg schneiden und ihn damit wieder heil machen konnte.
Er hatte Glück. Mit einer Operation (lat. „Verrichtung") konnte man alle Angst aus der Welt schaffen. Er hatte noch nie solches Glück gehabt.
Er konnte sein Leben intensiver spüren als je zuvor und aus der Verrichtung wurde eine Verrückung. Jetzt, da der Tumor weg war, war es ihm plötzlich möglich, in dieser Gegend seines Körpers zu fühlen. Er erkannte, dass er nicht danach zu suchen brauchte, dass er geliebt wird, dass er nicht darum kämpfen musste wie um sein Leben, sondern dass man dies als Geschenk erhält, irgendwann in seinem Leben. Er entdeckte plötzlich,

von sich selbst gerührt und mit höchster Freude, dass er in seiner Brust etwas fühlen konnte, was er bis jetzt für taub gehalten hatte. Er spürte, dass dies keine Gefahr für ihn war, dass er keine Angst davor haben brauchte, dass er sich „trauen" konnte und dass er nicht mehr dazu tun musste, als es einfach zuzulassen, um dafür sogar sofort etwas zurück zu bekommen, das ihn seinerseits so beglückte, dass er sonst im Leben gar nichts mehr brauchte – kein Ringen, kein Schlagen, kein Bezwingerlächeln und erst recht keinen Sockel, auf dem man stehen musste.

Was steht dem nun noch entgegen? Welchen Rückschlag sollte er erleiden, der ihm das nehmen könnte? Wo ist er noch angreifbar? Was sollte ihn umwerfen? Alltagsärger? Dumme Menschen? Das Leid der Welt und Unrecht, Krieg und Grausamkeit? Depressionen in dunkler Nacht oder Jahreszeit? Menschen, die ihn mit seinen Schwächen enttäuschen? Dass er nicht jeden Tag laut lachen kann? Dass ihn Sorgen plagen, um Menschen um ihn herum, die Zuwendung brauchen oder Beistand in schwierigen Phasen? Dass nun genau die wichtigsten Wege nicht geradlinig, sondern seltsam verschlungen sind? Verlorene Ideale und gefundene Illusionen? Dass persönlich so erhoffte Erfolge ausbleiben?
– Nicht einmal Krankheit … denn sie ist jetzt durchsetzt von Gewissheit.
Selbstverständlich ist der klare Blick für dies alles immer noch da!
Natürlich belastet es ihn, mal mehr, mal weniger, trübt sein Gemüt, erschüttert seine Werte, bringt ihn kurz zu Boden oder zur Raserei.
Ohne Frage schüttelt er nichts ab, kann nichts ignorieren, nichts verdecken und verstecken.

Es geht aber auch nichts bis ins Rückenmark. Davor schlägt jetzt, für ihn spürbar, sein Schutzschild, sein Herz.
Plötzlich sind Rundumschläge verzichtbar, es fällt ihm gar nicht so schwer.

Alles findet, ankert und relativiert sich in der obigen Geschichte.
Die Manöver sind beendet.
Es ist jetzt alles gut.
„Liebe!"